Michael Tschakert

Kunststunden mit Erfolgsgarantie

Zeichnen

in der Sekundarstufe

BRIGG VERLAG

Gedruckt auf umweltbewusst gefertigtem, chlorfrei gebleichtem
und alterungsbeständigem Papier.

1. Auflage 2019
Nach den seit 2006 amtlich gültigen Regelungen der Rechtschreibung.

Layout/Satz: PrePress-Salumae.com, Kaisheim

ISBN 978-3-95660-**194**-1 www.brigg-verlag.de

Inhalt

Vorwort

In der künstlerischen Ausbildung spielt das Zeichnen seit jeher eine große Rolle, da es zur bildnerischen Grundausbildung gehört und funktionellen Charakter hat. Das 20. Jahrhundert gelangte zu einem Verständnis der Zeichnung als autonome Gattung neben Malerei und Bildhauerei.

In der Schule hat das Zeichnen daher einen hohen Stellenwert.

Das vorliegende Buch soll beide Aspekte gleichermaßen beleuchten und Lehrerinnen und Lehrern helfen, mit wenig Zeit- und Materialaufwand dem Stellenwert gerecht zu werden.

Wie auch für die anderen Bände der Best Practice - Reihe gilt:

Es werden keine Vorzeigestunden mit Prüfungscharakter präsentiert. Die Komplexität einer Prüfungsstunde verlangt nach Lernzieltaxonomie, Artikulationsstufen, kunsthistorischer Einbindung, Sequenzeinbindung etc. In diesem Fall kann das Buch lediglich als Anregung und Ideengeber dienen.

Stattdessen bietet es:

- 25 neue, moderne, die Jugend ansprechende Themen, die mit den gängigen Arbeitsmitteln (Block, Bleistift, Fineliner, Filzstift, Malkasten) bearbeitet werden können,
- praktisch erprobte Themen für ca. 50 Schulstunden Unterricht,
- Schülerbilder zur Veranschaulichung,
- einfache, klar strukturierte, selbsterklärende Arbeitsschritte,
- das Endergebnis betreffende Erfolgsgarantie durch Hilfen für unbegabte Schülerinnen und Schüler,
- Kopiervorlagen, wenn diese nötig sind,
- Tipps vom Profi,
- die wichtigsten Unterrichtsziele,
- Hintergrundinformationen aus der Welt der Kunst, die zur Recherche anregen.

An dieser Stelle möchte ich es nicht versäumen, mich herzlich bei den Leserinnen und Lesern der beiden Best Practice - Bände „Malerei“ und „Linolschnitt ohne Presse“ für die vielen positiven Rückmeldungen zu bedanken.

Ich wünsche Ihnen, liebe Kolleginnen und Kollegen sowie Ihren Schülerinnen und Schülern viel Spaß und Erfolg bei der Umsetzung der Themen.

Euch, lieben Schülerinnen und Schülern danke ich für die Zustimmung zur Veröffentlichung der gelungenen Zeichnungen.

Michael Tschakert

Lernziele

Diese Materialien werden benötigt

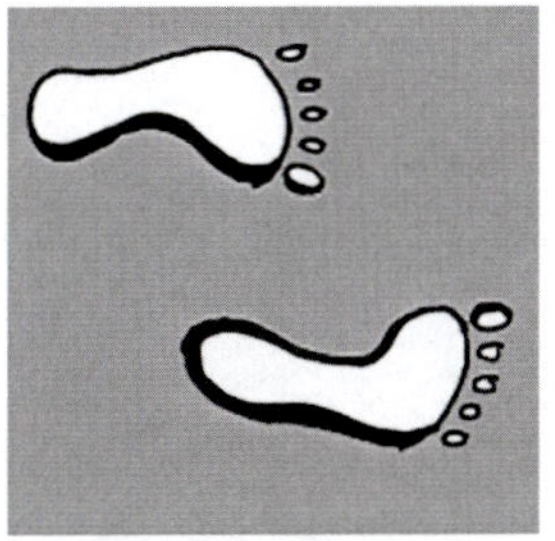

Arbeitsschritte

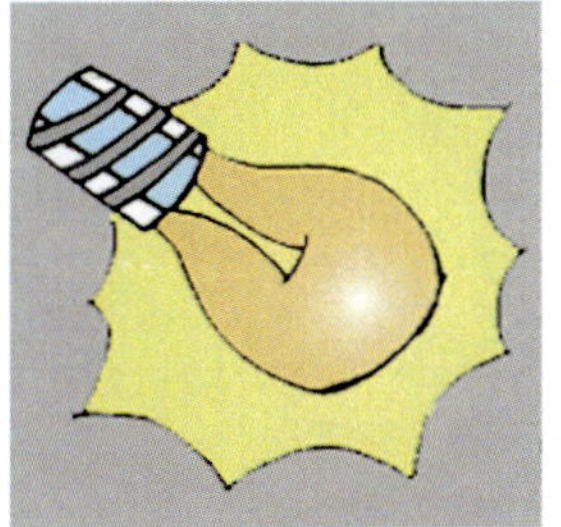

Tipps vom Profi

Hintergrundinformationen aus der Welt der Kunst

Mögliche Variationen beim Thema

Thema 1 Barcode Fantasien

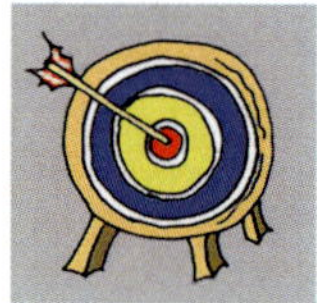

- Präzises Zeichnen von Linien als Grundtechnik des Zeichnens
- Inhaltliche Auseinandersetzung mit Konformität und Massenkultur
- Förderung der Kreativität

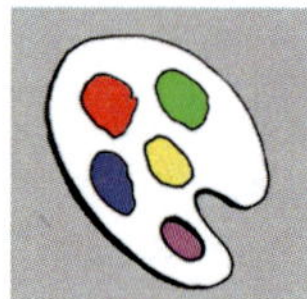

- Bleistift
- Schwarzer Fineliner
- Evtl. Lineal

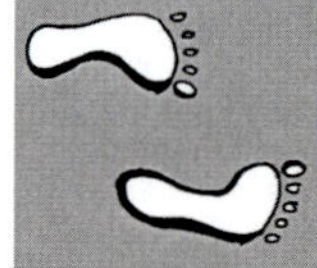

1. Eine Fratze bzw. ein Schädel wird leicht mit Bleistift in einem Rechteck vorgezeichnet.
2. Die Linien, die um den Schädel verlaufen, werden seiner Form folgend gekrümmt gezeichnet.
3. Zum Blattrand hin werden die Linien gerade (evtl. mit Lineal) gezeichnet. Dicke und dünne Linien wechseln sich unregelmäßig (strichcode-typisch) ab.
4. Eine Zahlenfolge kann hinzugefügt werden, um den Strichcode-Charakter zu betonen.

Kopiervorlage für Barcode-Experimente im Anhang

Der Barcode oder Strichcode wurde zum Symbol für Massenware, Normierung, Konformität, Massenkonsum und Massenkultur. Wegen seines grafischen Reizes und seiner symbolischen Bedeutung ist er Motiv für Künstler, die meist die Ent-Individualisierung des Menschen anprangern.

Es ist ein Gerücht, dass Maler alles mit freier Hand zeichnen. Auch sie bedienen sich, wenn nötig, verschiedener Hilfsmittel wie Zirkel und Lineal.

Thematische Variation:

- Die Streifen werden geschnitten und geklebt
- Barcode-Galerie

Thema 2 Eine Küche wird geplant

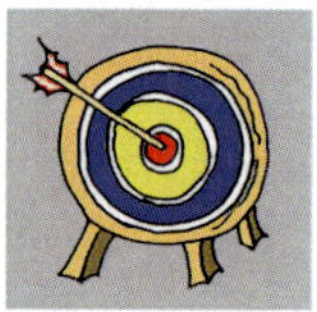

- Konstruktion eines Raumes mit zwei Fluchtpunkten
- Wecken von Freude an Detailgestaltung
- Verschiedene Möglichkeiten des Kolorierens kennen lernen

- Bleistift
- Schwarzer Fineliner
- Langes Lineal

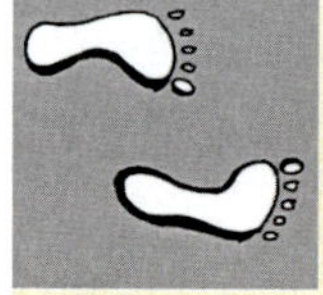

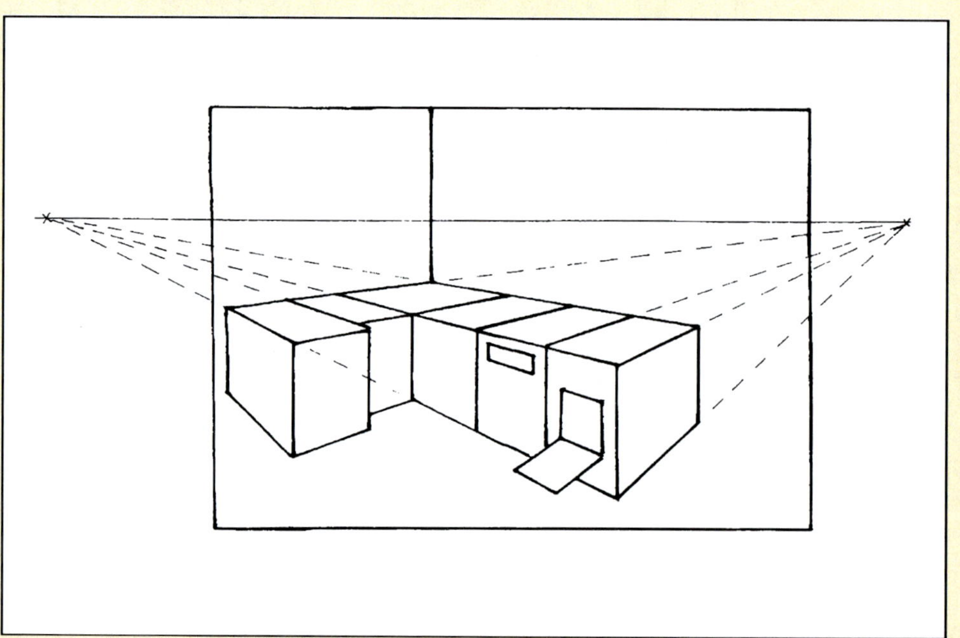

1. Die Konstruktionsskizze wird an die Schüler ausgegeben und die folgenden Regeln werden erläutert:
   - Alle Senkrechten müssen ganz senkrecht und parallel verlaufen.
   - Die Diagonalen müssen durch einen der beiden Fluchtpunkte verlaufen.

2. Die Schüler erweitern die vorgegebene Zeichnung zu einer kompletten Küche oder entwickeln mit Hilfe der Skizze eine eigene Konstruktion. Die gestrichelten Hilfslinien werden leicht eingezeichnet, damit sie anschließend ausradiert werden können.

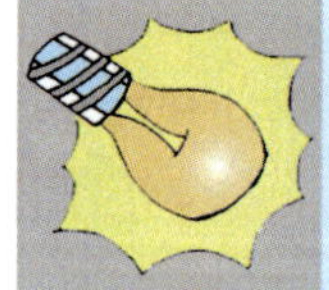

Bevor die Schüler einen Raum mit zwei Fluchtpunkten konstruieren, sollten sie die Zentralperspektive mit einem Fluchtpunkt beherrschen.

Thematische Variation:

- Die Küche wird in eine schlampige Küche verwandelt
- Galerie: Küchenausstellung

Thema 3 Qualmende Schornsteine

- Anwendung der grafischen Mittel Punkt, Linie, Fläche
- Wecken von Freude an Detailgestaltung
- Strukturen und Muster erfinden und anwenden

- Bleistift
- Schwarzer Fineliner oder Tusche
- evtl. Malkasten (schwarze Farbe)

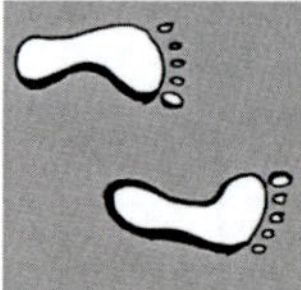

1. Verschiedene Schornsteine (schmale, dicke, lange, kurze...) werden vorgezeichnet.
2. Häuser im Vordergrund, die sich zum Teil überschneiden, verstärken den Eindruck von Räumlichkeit.
3. Der Rauch aus den Schornsteinen wird in dünnen Linien „all in a line" gezeichnet, d. h. die Linie reißt nicht ab, sondern fließt bis zum Bildrand oder als Schleife sogar zurück zum Schornstein. Auch hier können sich Rauchschwaden überlagern, wodurch Perspektive entsteht. In diesem Fall sollte der Linienfluss mit Bleistift grob skizziert werden, da sonst Fehler (Kritzelei durch Überlagerung) entstehen können.
4. Der Hintergrund kann schwarz gefärbt werden.

Was das Erfinden von Mustern und Strukturen angeht, sind manche Schüler sehr erfinderisch, andere hingegen weniger. Sammeln Sie Muster in einem Musterkatalog, in dem weniger kreative Schüler ihr bildnerisches Vokabular erweitern können.

Thematische Variation:

- Das Haarwuchsmittel wirkt
- Der Geist aus der Flasche

Thema 4 Im Labyrinth des Minotaurus

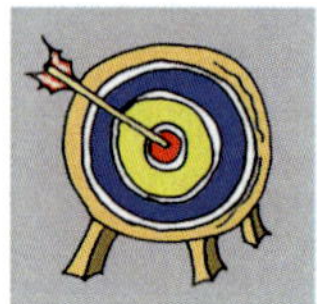

- Zeichnen eines kretischen Labyrinths
- Erfinden eines Fabelwesens
- Erfahren des Reizes der Linie

- Malkasten
- Schwarzer Fineliner oder Tusche
- Evtl. roter Filzstift

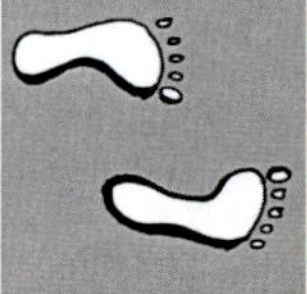

1. Ein Blatt wird mit Ocker- und Brauntönen aus dem Malkasten antik gestaltet.
2. Das kretische Labyrinth wird nach Anleitung gezeichnet.
3. Ein Minotauros (Mischwesen aus Mensch und Stier) wird in das Labyrinth gezeichnet.
4. Der rote Faden der Ariadne wird mit Filzstift oder Wasserfarbe ergänzt.

Seit ca. 1000 v. Chr. beschäftigen sich Künstler mit Labyrinthen und ihrer Symbolik. Das wohl bekannteste ist das der Theseus-Sage, in der Daidalos für den kretischen König Minos ein Labyrinth-Gefängnis für Minotauros bauen ließ. Ariadne, die Tochter des Minos, schenkte Theseus einen Faden, der ihm im Labyrinth zur Orientierung diente.

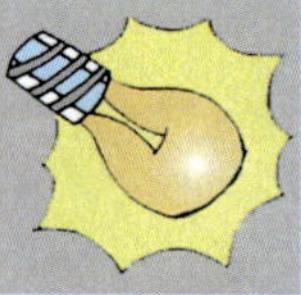

Ein dienliches Mittel, um Papier antik erscheinen zu lassen, ist auch ein Schwamm. Damit kann Papier schnell großflächig gefärbt werden.

Thematische Variation:

- Daumenabdruck eines Riesen
- Wir entwerfen eigene Labyrinthe

Thema 5 Ostasiatische Bäume

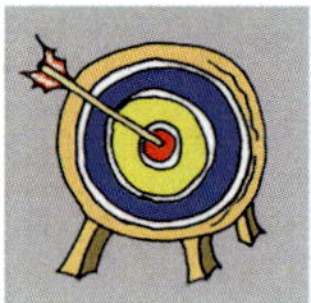

- Erscheinungsgetreues Zeichnen von Zweigen und Ästen
- Einblick in die ostasiatische Zeichenkunst

- Abgebrochener Zweig
- Schwarze Malkastenfarbe bzw. Tusche oder Acrylfarbe
- Rote Farbe für die untergehende Sonne
- Evtl. farbiges Tonpapier

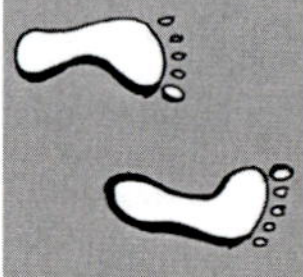

1. Eine kreisrunde Sonne wird auf Tonpapier gezeichnet und mit Malkastenfarbe oder Holzstift rot gefärbt.
2. Nach einer intensiven Exploration (Gräser, Blüten, Zweige, Äste ...) von abgebrochenen Zweigen werden die Zweige und Äste mit schwarzer Farbe gezeichnet.

In Ostasien hat das Darstellen von Blättern, Zweigen, Ästen und Bäumen in der Kunstdidaktik eine lange Tradition. Die Schüler absolvieren regelrechte Lehrgänge. Auch europäische Künstler wie van Gogh waren von der Art der Darstellung fasziniert und wurden dadurch beeinflusst.

Ein abgebrochener Zweig hinterlässt stets einen stofflich differenzierten Strich, der zur Darstellung von Gegenständen aus der Natur sehr gut geeignet ist.

Thematische Variation:

- Sonnenuntergang am Fujiyama
- Mein Bonsai sprengt den Topf

Thema 6 Sushi Dreams

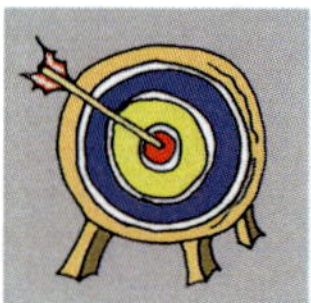

- Zeichnen von verschiedenen Strukturen und Mustern
- Schulung kompositioneller Fähigkeiten
- Schulung des Sinns für Formen

- Schwarzer Fineliner oder Tusche
- Farbstifte oder Malkasten
- Zirkel oder Teller

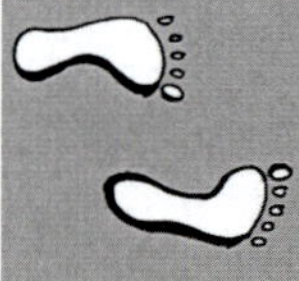

1. Der Teller und die Saucen-Schale werden mit dem Zirkel vorgezeichnet.
2. Unregelmäßige Häppchen werden auf dem Teller angeordnet und der Schlagschatten wird hinzugefügt.
3. Die Häppchen werden mit Blättern, Meeresfrüchten etc. garniert.
4. Die Garnierung wird farbig gestaltet.
5. Die Sushi-Füllung (mit Reis) wird als grafisches Muster dargestellt.
6. Der Hintergrund kann, je nach Wunsch, farbig oder schwarz gestaltet werden.

Sushi wurde in den letzten Jahren in Europa zum „In“ - Gericht. Der ursprünglich aus China stammende Japan - Exportschlager reizt nicht nur den Gaumen, sondern auch aus grafischer Sicht durch die Kontraste, die Oberflächenbeschaffenheit der Zutaten, die bunte Farbgebung und den seriellen Charakter. Ein schön angerichteter Sushi-Teller hat durchaus Food-Art-Qualitäten.

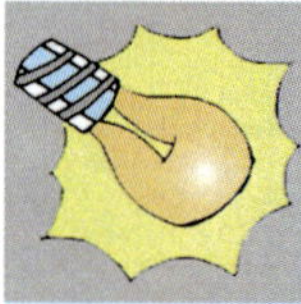

Als Untergrund für den Teller und Hintergrundbild für die Grafik kann auch Geschenkpapier als Tischdecke dienen.

Thematische Variation:

- Hände essen mit Stäbchen Sushi

Thema 7 Ein Cyborg wird operiert

- Zeichnen von Händen
- Schulung kompositioneller Fähigkeiten
- Reiz utopischer Ideen

- Bleistift
- Schwarzer Fineliner oder Tusche
- Farbstifte oder Malkasten
- Evtl. Bild als Hintergrund

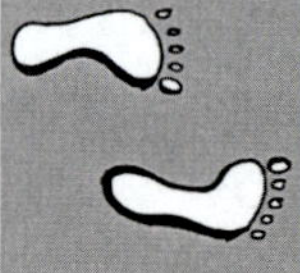

1. Eine Hand wird auf das Blatt gelegt und der Umriss mit Bleistift umfahren.
2. Die „operierende" Hand mit dem Laserwerkzeug wird vorgezeichnet. Die linke Schülerhand dient dabei als Modell.
3. Das mechanomorphe Innenleben der Hand (Kabel, Platten, Schrauben ...) wird überwiegend in Grautönen (Bleistift, Filzstift oder Malkasten) gestaltet.
4. Der biomorphe Teil der Hand wird mit Hautfarbe (Inkarnat) angemalt.
5. Der Hintergrund kann z. B. als OP-Tisch (mit Scheren etc.) gestaltet werden. Bei der Abbildung rechts wurde eine gedruckte Platine als Hintergrund verwendet. Die Hände wurden ausgeschnitten und aufgeklebt.

Cyborgs, Mischwesen aus Mensch und Maschine, beflügeln seit vielen Jahrzehnten die Fantasie von Schriftstellern, Künstlern und Filmemachern. In „Robocop", „Starwars" und „Terminator" bevölkern sie nicht nur die Erde. In der bildenden Kunst beeindrucken die „Biomechanoiden" des Schweizers H. R. Giger (geb. 1940) durch ihre realistische Darstellung. Giger erschuf auch die surreal anmutenden Monster, die als Modell für Ridley Scotts „Alien" Pate standen.

Schüler lieben diese Themen, da sie Teil der Jugendkultur, Subkultur und Spielekultur sind.

Thematische Variation:

- Geklonte Körperteile als „Ersatzteillager"
- Cyberdog – der mechanische Hund

Thema 8 Koi im Teich

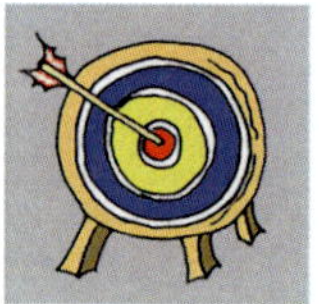

- Zeichnen von verschiedenen Strukturen und Mustern
- Schulung kompositioneller Fähigkeiten
- Schulung des Sinns für Formen

- Schwarzer Fineliner oder Tusche
- Malkasten oder Acrylfarbe

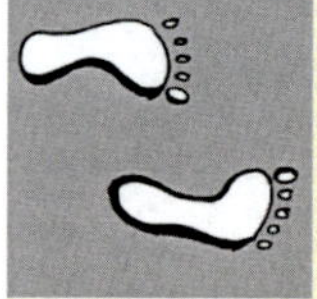

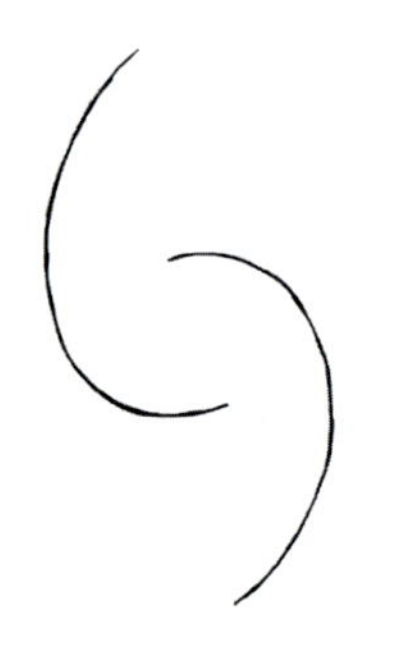

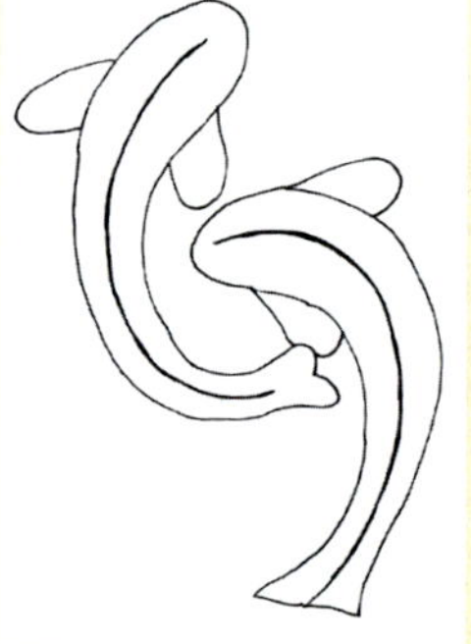

Aus 2 (oder auch mehr) Linien entstehen die Umrisslinien der Fische. Beliebige Muster bilden die Binnendifferenzierung der Traditionsfische.

Wasserwellen setzen die Fische in ihr Element. Der Hintergrund kann farbig gestaltet werden. Als Alternative können die Fische auch ausgeschnitten und auf einen interessanten Hintergrund geklebt werden.

Aufgrund der Beliebtheit und der Bedeutung der Koi für die Japaner ist es nicht verwunderlich, dass der Traditionsfisch auch bei dem großen Meister des Holzschnittes Hiroshige (1797–1858) ein Thema war.

Eine Doppel-S-Kurve als Rückgrat des Fisches schafft noch mehr Eleganz.

Thematische Variation:

- Koi verstecken sich zwischen Wasserpflanzen

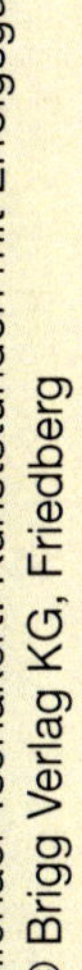

Thema 9 Der Apfel schmeckt

- Erscheinungsgetreues Zeichnen eines Apfels
- Skizzenhaftes Erfassen von Gegenständen
- Darstellung von Prozessen und Bilderreihen

- Äpfel
- Bleistift
- Buntstifte
- Evtl. farbiges Tonpapier

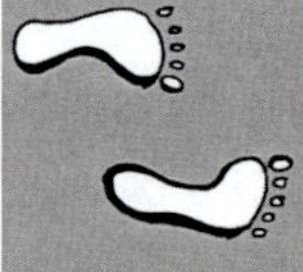

1. Jeder Schüler erhält einen Apfel und skizziert leicht mit Bleistift die äußere Form.
2. Die farbige Gestaltung erfolgt mit Buntstiften. Bei Tonpapier können weiße Glanzlichter mit Deckweiß, Pastellkreide oder Tafelkreide gesetzt werden.
3. Die Schüler beißen ein bis drei Mal vom Apfel ab und zeichnen diesen anschließend.
4. Die Schüler essen den Apfel soweit wie möglich auf und zeichnen anschließend das, was vom Apfel übrig bleibt.
5. Das Hinzufügen von Schatten unterstützt den räumlichen Eindruck und die Plastizität des Apfels.

Der Apfel ist in der bildenden Kunst ein beliebtes Sujet: bei der Sündenfalldarstellung im Mittelalter, in Cezannes Stillleben und in Magrittes Surrealismus.
Die Darstellungswürdigkeit von Skizzenhaftem und Prozesshaftem ist eine Errungenschaft der Moderne.

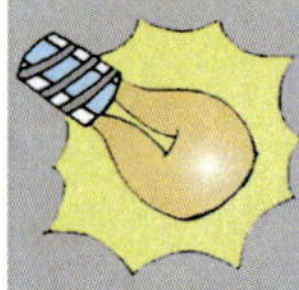

Achten Sie auf die Blatteinteilung! Eine Mittelachse (Bleistiftlinie) kann helfen, dass die Äpfel genau untereinander (oder nebeneinander) sind. Auch Größe und Abstand der Äpfel sind für die Gesamtwirkung entscheidend.

Thematische Variation:

- Eine Banane wächst an der Staude
- Eine Dose wird immer mehr zerbeult
- Eine Dose rostet im Wasser

Thema 10 Drahtgeflecht mit Riss

- Linien zu einem Geflecht verweben
- Die Linie als grafisches Gestaltungsmittel
- Spannung erzeugen durch verdichtete Linien

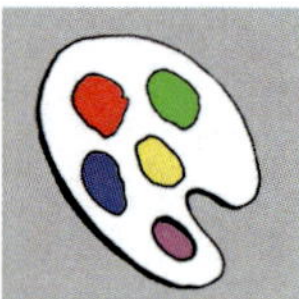

- Schwarzer Fineliner oder Tusche
- Evtl. Bleistift zum leichten Vorzeichnen der Öffnung

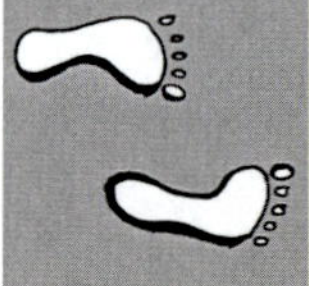

1. Eine zitronenförmige Öffnung wird mittels senkrechten Linien gezeichnet. Je weiter sich die Linien von dem Riss im Gitter entfernen, desto geradliniger werden sie.

Die waagrechten Linien „haken“ am Riss ein und verlaufen ebenso parallel.

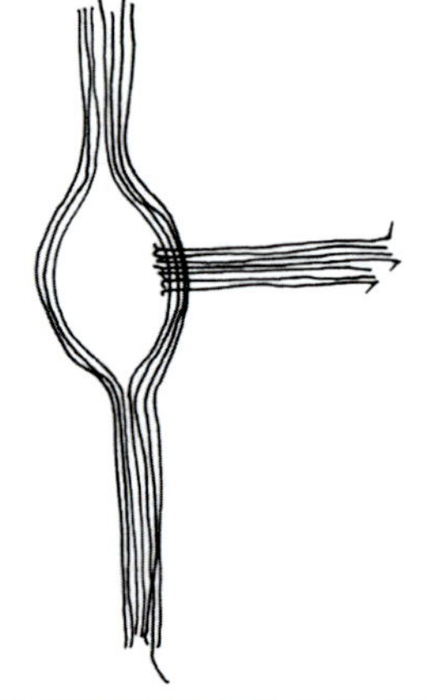

2. Um die Öffnung herum krümmen sich die Linien.
3. Nach der Fertigstellung des ersten Geflechtes kann ein zweites (wie in der Abbildung rechts) darüber gezeichnet werden.

Übrigens: Kleine Häkchen und Biegungen bei den Linien sind beabsichtigt und verleihen der Zeichnung einen subtilen Reiz.

Hier ist kein Lineal nötig, da das Drahtgeflecht „lebendig“ wirken soll.

Thematische Variation:

- Hilfe, mein Nager bricht aus!

Michael Tschakert: Kunststunden mit Erfolgsgarantie · Zeichnen in der Sekundarstufe · Best.-Nr. 194

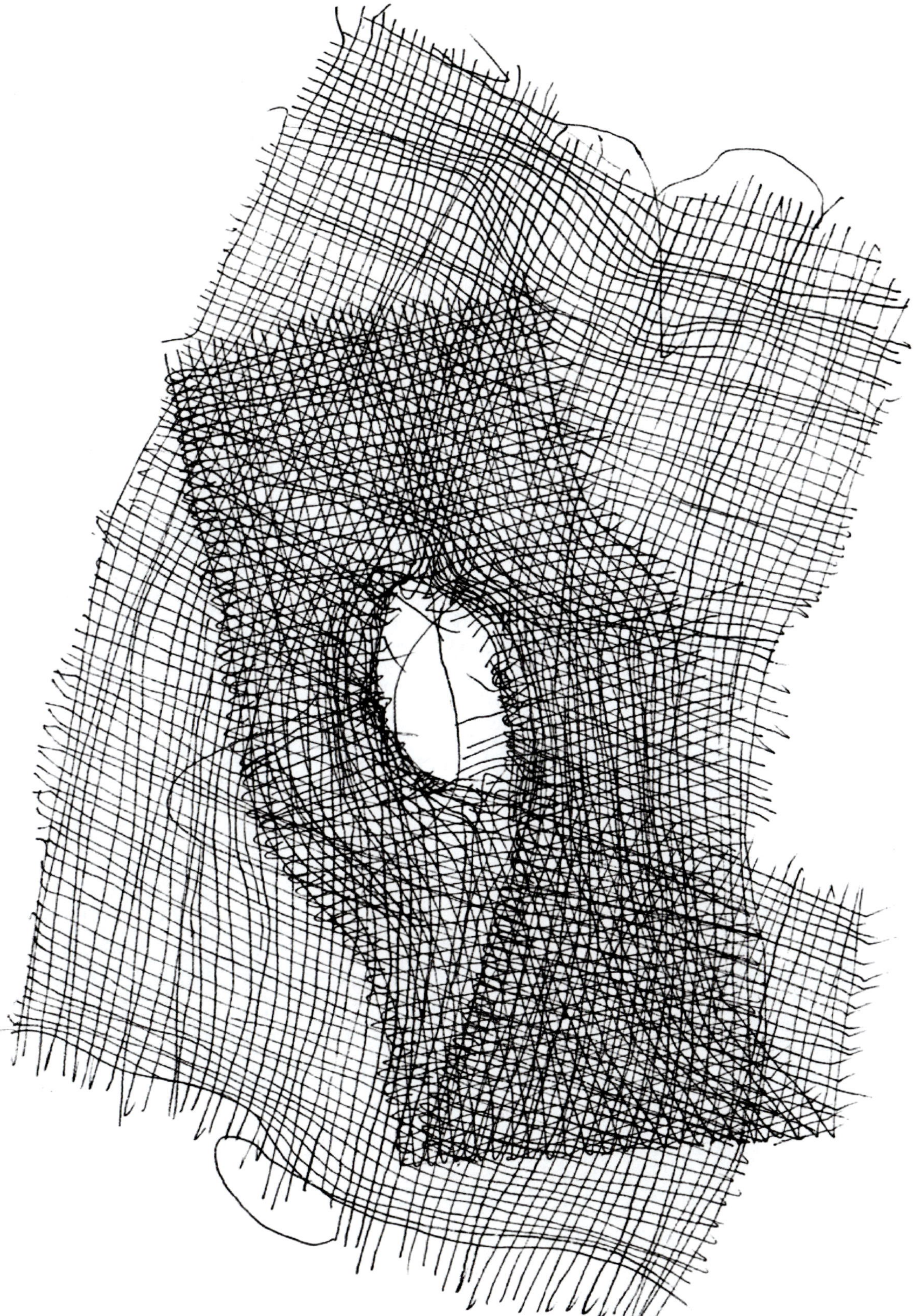

Thema 11 Verschluckt

- Figürliches Zeichnen
- Räumliche Darstellungen
- Reiz von Ungewöhnlichem

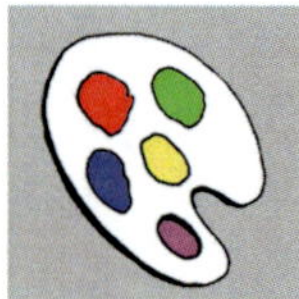

- Bleistift
- Schwarzer Fineliner oder Tusche

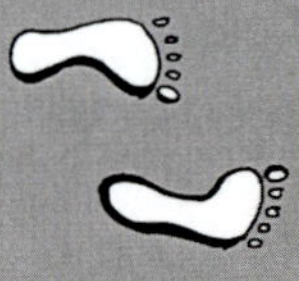

1. Der Röntgenapparat wird (wie ein Bild mit Rahmen) gezeichnet. Ein verschluckter Gegenstand (Schere, Handy, CD, Stofftier ...) lenkt die Aufmerksamkeit auf sich.
2. Die Personen (Patient/-in und Arzt/Ärztin) werden hinzugefügt.
3. „Atmosphärisches Beiwerk“ wie medizinische Geräte, Lampen, Mobiliar etc. beleben das Bild.

„Röntgenbilder“ reizten nicht nur den Renaissancekünstler Leonardo da Vinci (1452–1519), der mit dem Blick ins Innere des Körpers seinerzeit großes Aufsehen erregte. Seine Zeichnungen von Embryonen im Mutterleib oder die Darstellung des Geschlechtsaktes durch eine Röntgenbrille riefen Empörung hervor.
Der Brite Damian Hirst (geb. 1965) setzt diese Tradition fort und schockiert sein Publikum mit z. B. aufgeschnittenen Tierhälften.

Übrigens:
Im Laufe der bildnerischen Entwicklung durchläuft jedes Kind eine „Röntgenphase“. Mit ca. 4 Jahren zeichnen Kinder wie selbstverständlich Autos oder Häuser, die einen Blick ins Innere gewähren.

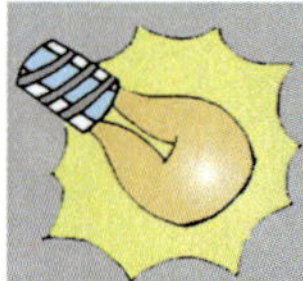

Die Zeichnungen müssen nicht anatomisch korrekt sein. Der Reiz der Zeichnung liegt, wie auch bei Kinderbildern, in einer eigenen, erfundenen Bildsprache.

Thematische Variation:

- Erfinder mit Röntgenbrille
- Beim Kofferdurchleuchten am Flughafen

X-
RAY

Thema 12 Das Haarwuchsmittel wirkt

- Porträtdarstellung
- Reiz der fließenden Linie
- Reiz von Ungewöhnlichem

- Bleistift
- Schwarzer Fineliner oder Tusche
- Evtl. Malkasten

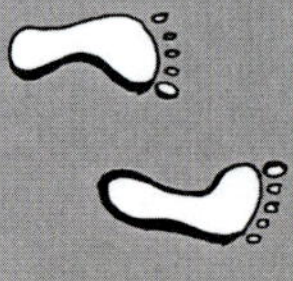

1. Skizzieren eines Porträts (evt. Selbstporträt mit Spiegel).
2. Lehrererzählung: „Plötzlich fallen dir die Haare aus ... Du hörst von einem Wunder-Haarwuchsmittel ...“
3. Brainstorming: Wo wachsen Haare im Gesicht und am Kopf?
4. „Überzeichnen“ des Gesichtes durch lange Haarsträhnen.
5. Betonung der Strähnen durch das Füllen von Flächen mit Schwarz, Grau (oder auch anderen Farben).

Haare haben und hatten schon immer einen hohen ästhetischen und sozialen Wert. Albrecht Dürers (1471–1528) Selbstporträt im Pelzrock zeigt ihn in einer Pose, die nur Königen und Christus vorbehalten war. Die wunderbare Darstellung der langen, lockigen Haare unterstreicht Dürers Intention.
Nicht umsonst reicht die Geschichte der Perücke bis ins alte Ägypten.

Lange, fließende Linien zeichnet man am besten im Stehen (ohne Auflage der Hand aus der „lockeren“ Schulter heraus).

Thematische Variation:

- Das Haupt der Medusa
- Die längsten Haare der Welt
- Im Perückengeschäft

Michael Tschakert: Kunststunden mit Erfolgsgarantie · Zeichnen in der Sekundarstufe · Best.-Nr. 194

Thema 13 Kubistisches Insekt

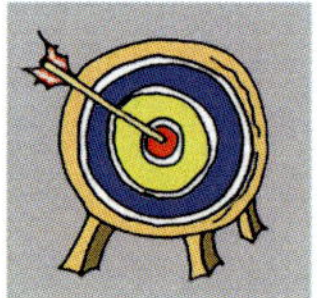

- Zeichnen von verschiedenen Strukturen und Mustern
- Fähigkeit, ein Blatt einzuteilen
- Einführung in den Kubismus

- Bleistift
- Schwarzer Fineliner oder Tusche

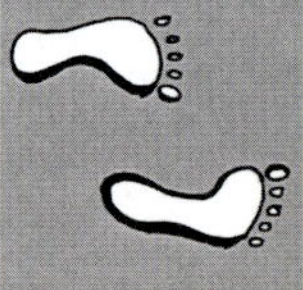

1. Das Blatt wird mit gebogenen und geraden Linien eingeteilt.

2. Bei einem Brainstorming zum Thema „Insekt" wird herausgearbeitet, welche Merkmale für Insekten typisch sind (Gegliedertsein, transparente Flügel, Beißwerkzeuge, Streifen, Fühler, Muster...) und wie diese grafisch dargestellt werden können.

3. Bei einer Explorationsphase wird eine Sammlung von grafischem Vokabular (an der Tafel) erstellt, auf die bei der Zeichnung zurückgegriffen werden kann.

4. Im Sinne des Kubismus und der Wortbedeutung Insekt (in-secare = einschneiden) folgend wird ein Insekt zerlegt (analytischer Kubismus) gezeichnet. So entsteht gleichzeitig ein neues Fantasie-Insekt (synthetischer Kubismus).

An diesem Thema kann der kubistische Gedanke von Pablo Picasso (1881–1973) und Georges Braque (1882–1963) gut erklärt werden, da der Übergang vom Gegenständlichen zum Abstrakten, die Reduzierung auf Wesentliches (Analyse) und das Schaffen einer neuen Bildsprache (Synthese) offensichtlich werden.

Lassen Sie Ihre Schüler die Ideen anderer Schüler „klauen". Kreativität bedarf eines Grundrepertoires an bildnerischen Mitteln, das stets erweitert werden sollte.

Thematische Variation:

- Metamorphose: Kafkas Verwandlung
- Flug der Libelle

Thema 14 Ameisen suchen einen Weg

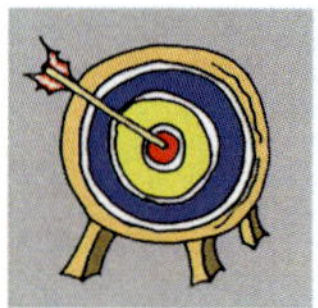

- Streuung und Ballung als bildnerische Mittel
- Zeichnen von Ameisen

- Schwarzer Fineliner oder Tusche
- Malkasten

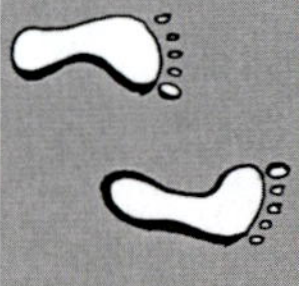

1. Das Reifenprofil wird gezeichnet bzw. (im Anhang) als Kopie bereitgestellt.
2. Der Untergrund wird in Erdfarben bemalt.
3. Die Ameisen (3-gliedriger Körper, 2 Fühler, 6 Beine) werden hinzugefügt.
   Weil die Ameisen Angst haben, den Abdruck zu überqueren, staut sich das Ameisenvolk (Ballung), bis einige Ameisen den Mut fassen, voran zu gehen (Streuung).

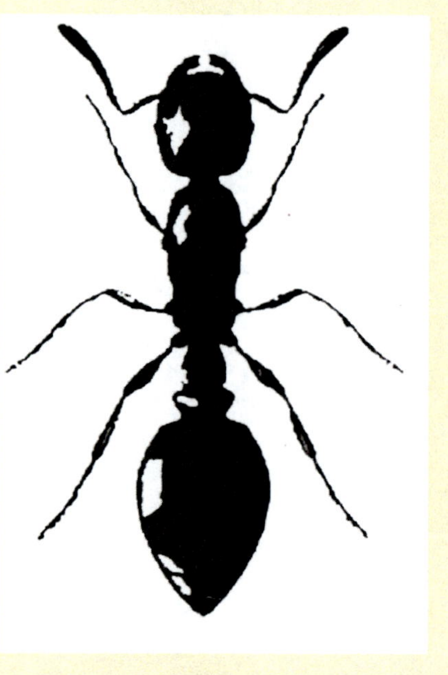

Der Reifenabdruck kann auch als Linolschnitt oder als echter Reifenabdruck (Autoreifen mit Farbe einwalzen und über Papier fahren) hergestellt werden.

Thematische Variation:

- Ameisen in ihrem Bau

Thema 15 Spaghetti für 4

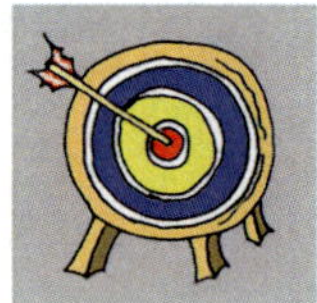

- Figürliche Darstellungen von oben
- Grafische Muster

- Bleistift
- Schwarzer Fineliner oder Tusche
- Evtl. Holzstifte
- Evtl. Zirkel

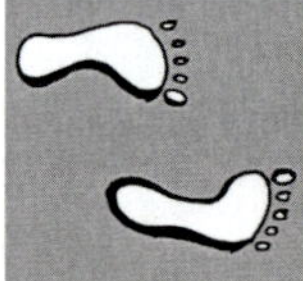

1. Vier Schüler/innen sitzen um ein Blatt Papier. Mittig wird mit Zirkel ein Teller gezeichnet.
2. Jede(r) zeichnet sich selbst auf einem Stuhl sitzend von oben betrachtet mit einer Gabel in der Hand.
3. Spaghetti werden hinzugefügt.
4. Beiwerk wie z. B. ein Teppich, Pflanzen, Möbel ... werden ergänzt.
5. Die Zeichnung kann bunt gestaltet werden.

Gemeinschaftsbilder scheinen dem Charakter von Kunstwerken als persönliche und individuelle Leistung zu widersprechen. Interessant sind Gruppenbilder dennoch, da sich alle beteiligten Künstler aufeinander einstellen müssen. Die Intention sollte vom Kollektiv geteilt werden. In diesem Sinne schufen die Popartisten Andy Warhol, Jean-Michel Basquiat, Francesco Clemente und Keith Haring Gemeinschaftsbilder.

Wenn Schüler/-innen gleichzeitig an einem Bild zeichnen, entsteht eine eigentümliche Dynamik. Richtige Perspektive ist hier nicht von Bedeutung. Häufig zeichnen Schüler/innen bei Gruppenthemen in der Simultanperspektive, was die Qualität der Bilder aber nicht schmälert.

Thematische Variation:

- Auf dem Fußballplatz
- Im Schwimmbad

Thema 16 Der magische Pilz

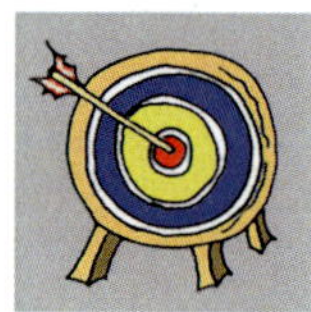

- Reiz surrealer Ideen
- Fantasievolles Zeichnen
- Schwarz-weiß-Kontrast

- Bleistift (zum Vorzeichnen)
- Schwarzer Fineliner oder Tusche
- Evtl. Malkasten

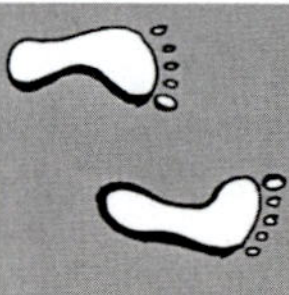

1. Ein Fantasiepilz wird in das obere Bildviertel gezeichnet.
2. Die Erdoberfläche wird als Linie dargestellt.
3. Das in der Erde verborgene Myzel (der eigentliche Pilz) breitet sich in der Erde überall hin aus. Die Formen können von fächerartig, tropfenartig, flammenartig bis wurzelartig variieren.
4. Während über der Erde der Himmel weiß bleibt und der Pilz als positiv schwarz abgebildet wird, wird unter der Erde die Darstellung umgekehrt. Die Erde ist schwarz, das Myzel bleibt größtenteils weiß. So entsteht der eindrucksvolle Schwarz-weiß-Kontrast.

Pilze und Eisberge haben eins gemeinsam: Das Interessante liegt im Verborgenen unter der sichtbaren Oberfläche. Es zählt zu den ureigensten Aufgaben eines Künstlers, dies sichtbar zu machen. Paul Klee (1879–1940) formulierte einst treffend: „Kunst gibt nicht das Sichtbare wieder, sondern macht sichtbar."

Schwarze Flächen schafft man am schnellsten und einfachsten mit schwarzer Malkastenfarbe. Man sollte jedoch lange im Farbtöpfchen rühren, damit die Farbe gut deckt.

Thematische Variation:

- Die Titanic kollidiert mit dem Eisberg
- Im Land der Riesenpilze

Thema 17 Die Linie – Hommage an Picasso

- Auseinandersetzung mit der Figur-Grund-Problematik
- Reduzierung von Tieren auf nur eine Linie

- Schwarzer Fineliner oder dicker Filzstift
- Evtl. Malkasten (für Hintergründe)

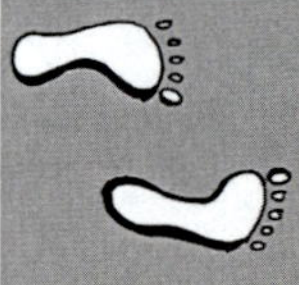

1. Die Wesensmerkmale von Tieren werden herausgestellt (evtl. an Picassos Tierbildern).
2. Das Zeichnen mit nur einer durchgehenden Linie, ohne den Stift abzusetzen, wird geübt.
3. Das Geübte wird in einem Bild umgesetzt:
   Themen können sein: Kamel in der Wüste, Tier-Galerie, Bremer Stadtmusikanten ...

Künstler, die die Linie als Gestaltungsmittel bevorzugen, finden ihre Vorbilder in Ostasien.
Über den Reiz oder auch die Erotik der reduzierten, autonomen Linie, die wie bei Picasso oder Matisse nicht nur Aufzeichnungs-, sondern auch Offenbarungscharakter hat, wurde viel geschrieben. Der Lyriker Stéphane Mallarmé schwärmt: „Du bemerktest, man schreibt nicht licht auf dunklem Grund, das Alphabet der Gestirne allein zeichnet sich so ab, skizzenhaft oder abbrechend; der Mensch fährt fort, schwarz auf weiß."

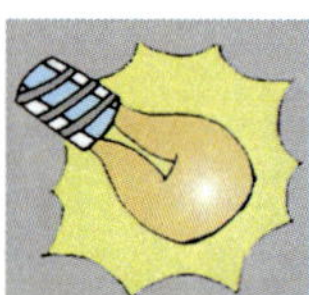

Das Zeichnen in nur einer fortlaufenden Linie ist sehr schwierig, da jeder Fehler ins Auge sticht. Man muss Figur (was gezeichnet wird) und Grund (das Format als Hintergrund) gleichermaßen im Auge haben und ständig messen. Lassen Sie Ihre Schüler diese Art der Gestaltung häufig üben.

Thematische Variation:

- Die Bremer Stadtmusikanten
- Tiere werden aus Draht gebogen

Thema 18 Eidechse im Kiesbett

- Anwendung der grafischen Mittel Punkt, Linie, Fläche
- Wecken von Freude an Detailgestaltung
- Strukturen und Muster erfinden und anwenden

- Bleistift (zum Vorzeichnen der Eidechse)
- Schwarzer Fineliner oder Tusche

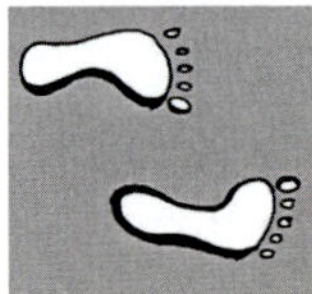

Das Prinzip des Vorgehens bei diesem Thema lautet: „Vom Großen zum Kleinen".

1. Zunächst wird eine (große) Eidechse gezeichnet.
2. Anschließend werden große Kieselsteine, einige Kräuter und Blätter auf dem Grund verteilt.
3. Freie Flächen werden mit kleinen Steinen, Pflanzen oder Tierchen gefüllt. Überschneidungen und Kontraste sind gewollt.

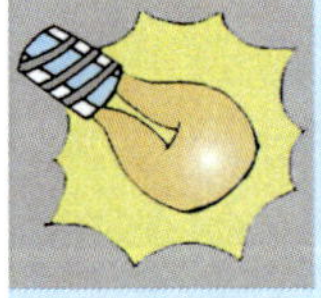

Für unbegabte Schüler können Sie eine Papp-Schablone für die Eidechsenform bereithalten. Die Verwendung von Schablonen garantiert ein ansprechendes Ergebnis.

Thematische Variation:

- Getarntes Chamäleon
- Reptilien schlüpfen aus dem Ei

Carolin

Thema 19 Verpacktes

- Einführung in die „Verpackungskunst“
- Erscheinungsgetreues Zeichnen

- Packpapier (oder irgendein Papier) und Schnur
- Bleistift, Kreide oder Kohle

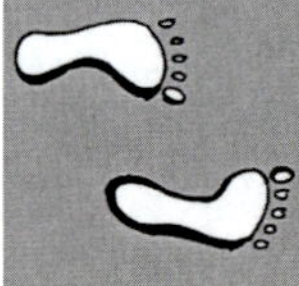

1. Die Schüler verpacken (heimlich) einen beliebigen Gegenstand mit Papier (oder Stoff) und Schnur.
2. Der verpackte Gegenstand wird in eine „interessante“ Position gebracht.
3. Das Objekt wird möglichst genau abgezeichnet.
4. Die Mitschüler können raten, was verpackt und gezeichnet wurde.

Christo und seine Frau Jeanne-Claude (beide geb. 1935) haben Verpacken zur Kunstform erhoben. Die verpackten Objekte wurden im Laufe der Jahre immer größer. 1995 ließen die beiden den Berliner Reichstag von 90 Profikletterern mit 100000 qm Polypropylenstoff und 15600 m Seil verpacken. Neben dem Aufzeigen des Reizes von Verpacktem, der Schönheit des Faltenwurfs und dem Geheimnisvollen geht es vor allem um eine weitere Intention: Bekanntes soll neu gesehen und interpretiert werden.

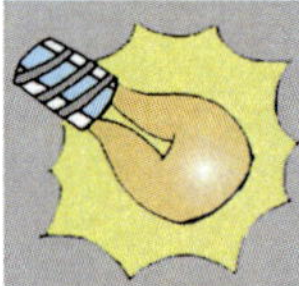

Solche Themen eignen sich gut für Prüfungen, da sich der zeitliche Aufwand in Grenzen hält. Statt Papier kann auch Stoff zum Verpacken genommen werden.

Thematische Variation:

- Halb Verpacktes
- Das verhüllte Denkmal

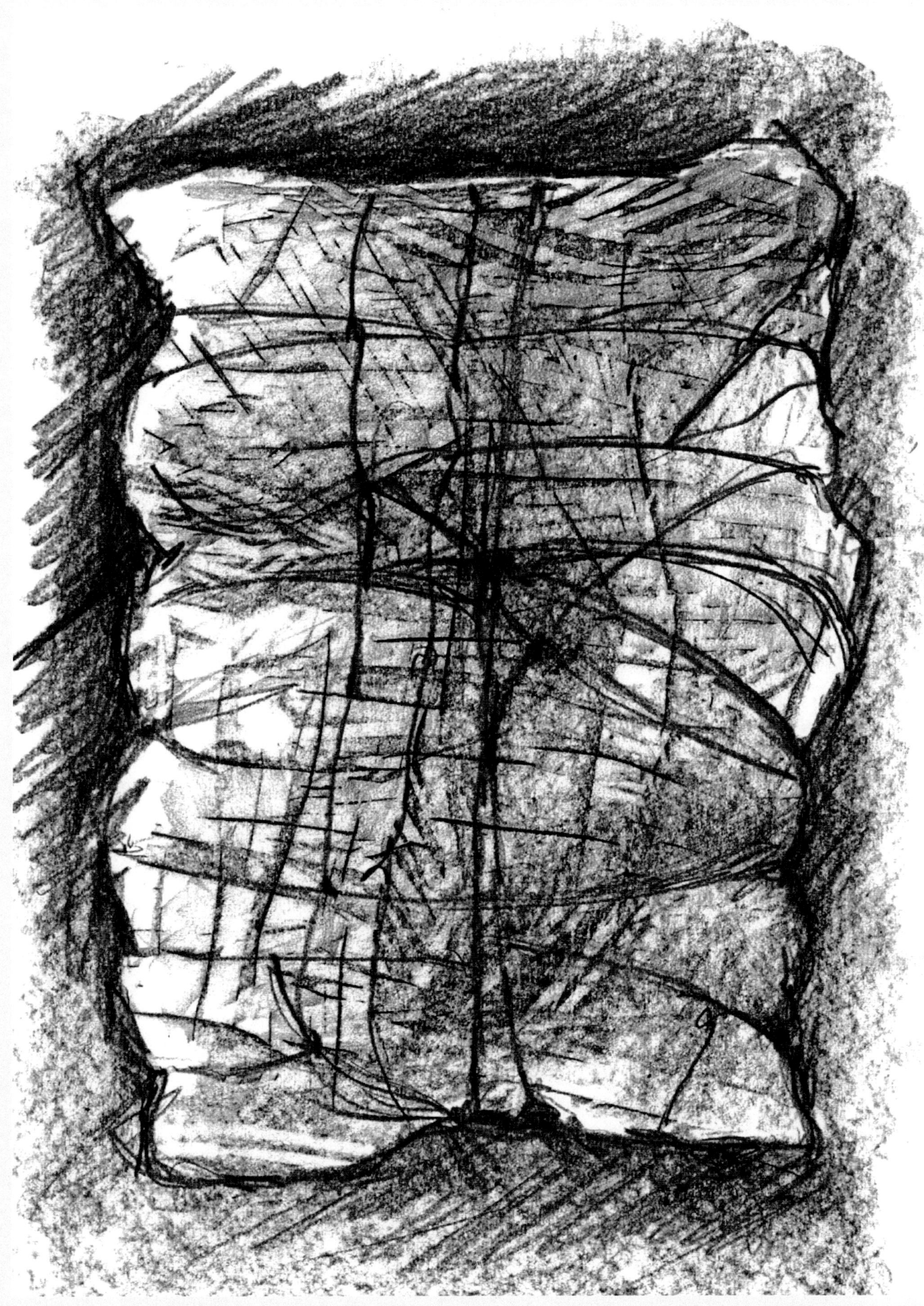

Thema 20 Drahtgeschichten

- Reiz der Linie
- Frottage als Gestaltungsmittel
- Inhaltliche Interpretation von Bildern

- Bindedraht
- Weicher Bleistift
- Evtl. Malkasten (zur Hintergrundgestaltung)

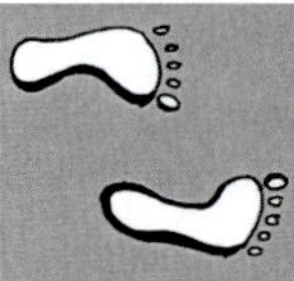

1. Fünf (oder mehr) Drahtstücke (Länge ca. 10–15 cm) werden von der Drahtrolle geschnitten, zu Drahtkringel geformt, in gleichmäßigem Abstand unter das Papier gelegt und durchgerieben. Sie stehen symbolisch für 5 Wesen, z. B. Fünflinge, die sich bei der Geburt gleichen.
2. Die Drahtstücke werden aufgebogen und verschieden geformt, unter das Papier gelegt und „durchgerieben". Die frottierten Drahtstücke stehen für die Geschichte der Fünflinge, ihre unterschiedliche Entwicklung und das Formen ihrer Persönlichkeit.
3. Ein Hintergrund kann hinzugefügt werden.

Der deutsche Surrealist Max Ernst (1891–1976) entdeckte die Frottage (Durchreibeverfahren) neu als bildnerisches Ausdrucksmittel, als ihm an einem regnerischen Tag in einem Gasthaus am Meer die Rillen und Furchen in den Fußbodenbrettern auffielen. Er legte Papierbögen darüber und rieb die Maserung mit einem weichen Bleistift durch. Er war fasziniert von den entstehenden Bildern.

Für Frottagematerialien gilt:

Das Papier sollte dünn, der frottierte Gegenstand hart und der Bleistift weich sein.

Thematische Variation:

- Frottage-Rätsel (Was wurde frottiert?)

Thema 21 Pop-Art-Lady

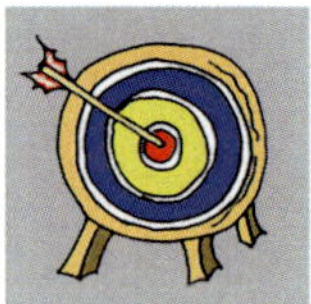

- Erfinden von grafischen Mustern
- Einführung in die Pop-Art

- Schwarzer Fineliner
- Filzstifte, Buntstifte oder Malkasten
- Evtl. Zirkel

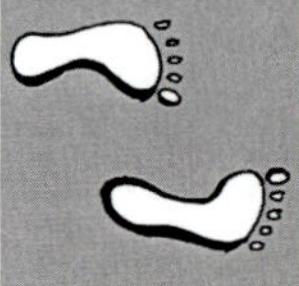

1. Die Schüler erhalten eine Figur (Kopiervorlage im Anhang) bzw. zeichnen einen Körper oder einen Gegenstand wie z. B. eine Gitarre.
2. Verschiedene Muster zur Gestaltung werden entworfen (Kreise, Kringel, horizontale und vertikale Linien ...).
3. Die Muster werden farbkonstant gefärbt. Teile der Figur bzw. des Hintergrundes bleiben weiß.
4. Ein Modekatalog, ein Musterbuch, eine Modekollektion, ein Plakat etc. können entworfen werden.

Die Pop-Art Künstler wie Andy Warhol (1928–1987) oder Roy Lichtenstein (1923–1997) liebten Themen aus der Welt des Konsums, der Werbung und der Medien. Das Triviale wird meist mit schwarzen Linien („Outlines“) umrandet und in knalligen, poppigen Primärfarben abgebildet.

Filzstifte und ungemischte Acrylfarbe eignen sich am besten, um farbkonstant Formen im Sinne der Pop-Art zu färben.

Thematische Variation:

- Pop-Art-E-Gitarren
- Pop-Art-Snowboards

Thema 22 Insekten ärgern eine Venusfliegenfalle

- Anwendung der grafischen Mittel Punkt, Linie, Fläche
- Wecken von Freude an Detailgestaltung
- Sachzeichnen

- Bleistift
- Schwarzer Fineliner oder Tusche

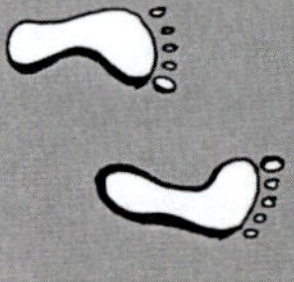

1. Lehrer zeigt ein Bild von einer Venusfliegenfalle. Besonderheit des Fangblattes wird erklärt: Nektar und die rote Farbe locken Insekten an, über die Rezeptorzelle schließt das Fangblatt.
2. Brainstorming: Potentielles Futter für die Pflanze: Käfer, Fliegen...
3. Gestalterische Vorgaben:
   a) Topf ist ca. "handgroß"
   b) Die „Arme“ (Stängel) der Pflanze überschneiden sich und füllen das ganze Blatt.
   c) Verschiedene Insekten ärgern die Pflanze. Ein „Wimmelbild“ entsteht.

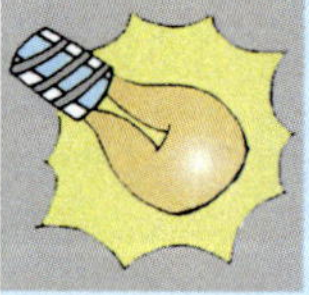

Insekten eignen sich gut als Zeichenobjekte, da Form und Aufbau grafischen Charakter haben.

Thematische Variation:

- Der kleine Horrorladen

Thema 23 Op-Art – Verwirrung im Wasser

- Reiz der fließenden Linie
- Einführung in die Op-Art

- Schwarzer Fineliner oder Filzstift

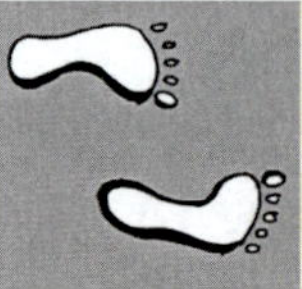

1. Die Schüler erhalten die Fische (Kopiervorlage im Anhang).
2. Um die Fische herum werden fließende, an- und abschwellende Linien gezeichnet, die sich an den Formverlauf der Fische anlehnen.
3. Wellen- bzw. flammenartig breiten sich die Formen nach außen hin immer weiter aus.

Op-Art (Optical Art) ist eine Stilrichtung, die um 1960 entwickelt wurde. Hauptvertreter sind Victor Vasarely (1906–1997) und Bridget Riley (geb. 1931). Durch die meist schwarz-weißen Formmuster werden optische Irritationen und Täuschungen erzeugt. Häufig wird der Eindruck von Bewegung suggeriert.

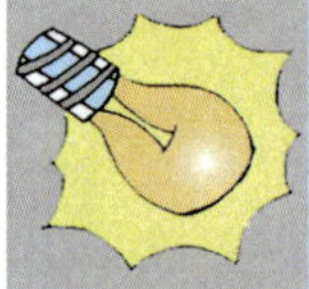

Je mehr Fläche mit den Linien gefüllt ist, desto verwirrender wirkt das Bild. Hier ist Durchhaltevermögen gefragt.

Thematische Variation:

- Kämpfende Zebras (siehe Vasarely)
- Tiger im Dschungel

Thema 24 Die Vögel

- Zeichnen einer Bilderreihe (Strip)
- Einstellungsgrößen als Gestaltungsmittel
- Hell-Dunkel-Kontrast als Gestaltungsmittel

- Bleistift
- Schwarzer Fineliner oder Tusche
- Evtl. Malkasten

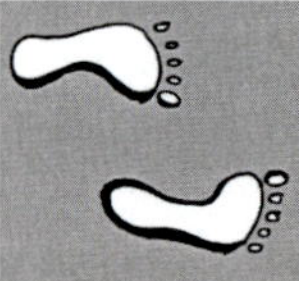

1. Drei (oder mehr) Bildrahmen werden vorgezeichnet.
2. **Die Totale:** Der Blick aus der Ferne zeigt ein Gebäude. Die (klein erscheinenden) Vögel formieren sich. In die Tiefe führende Linien verdeutlichen die Tiefe des Raumes.
3. **Die Halbtotale:** Figuren werden ganz oder fast ganz abgebildet. Die Vögel werden größer.
4. **Die Nahaufnahme:** Ein Kopf wird gezeigt. Die Vögel sind so groß, dass sie das Format „sprengen".
5. Mit Bleistift (oder Malkasten) können Grautöne als Zwischenstufen von Schwarz und Weiß einzelne Flächen füllen.

Viele Drehbuchautoren und Regisseure arbeiten mit Storyboards als zeichnerische Version des Drehbuchs für ihre Filme. Diese, je nach Zeichentalent des Autors, häufig sehr kreativen und künstlerisch hochwertigen Zeichnungen dienen der Visualisierung von Ideen und Konzepten.
Die Einstellungsgrößen (Totale, Halbtotale, Nahaufnahme) gelten für Foto, Film und bildende Kunst gleichermaßen und steuern Stimmung und Dramaturgie.

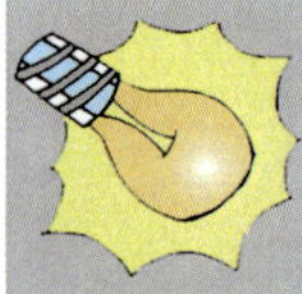

Arbeiten Sie fächerübergreifend. Vor allem Balladen (Zauberlehrling, Belsazar, Feuerreiter) lassen sich gut als Bilderfolge darstellen.

Thematische Variation:

- Schlangen greifen Laokoon an
(Totale: Meer/ Halbtotale: Laokoon am Strand, Schlangen nähern sich/ Nahaufnahme: Kampf)

Thema 25 Unter der Lupe

- Einführung in das naturwissenschaftliche Zeichnen
- Punkte und Linien als Gestaltungsmittel
- Erscheinungsgetreues Zeichnen

- Bleistift (zum Vorzeichnen)
- Schwarzer Fineliner oder Tusche
- Evtl. Holzstifte
- Zirkel

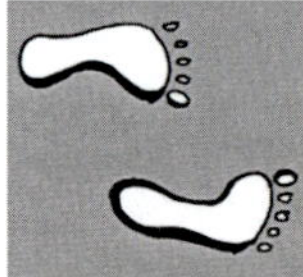

1. Mit dem Zirkel wird eine große Lupe gezeichnet. Die haltende Hand wird angedeutet.
2. Die eine Hälfte eines Insekts wird durch das Glas der Lupe vergrößert dargestellt. Hier wird ein durch atomaren Fall-Out verursachter Schaden offensichtlich (z. B. fehlt ein Glied). Der Eindruck einer naturwissenschaftlichen Zeichnung entsteht durch die Art der Gestaltung: Kleine Punkte bilden die Gestalt des Insekts.
3. Das Insekt kann mit Holzstiften (oder Aquarell-Farbe) gefärbt werden.

Im Grenzbereich zwischen Kunst und Naturwissenschaft finden sich Zeugnisse einer schönen und zugleich bedrohten Welt. Die Zeichnerin Cornelia Hesse-Honegger (geb. 1944) untersucht und zeichnet detailgetreu morphologisch geschädigte Insekten, die nach dem Tschernobyl-Unfall (1986) nicht nur in der unmittelbaren Umgebung vermehrt auftraten.

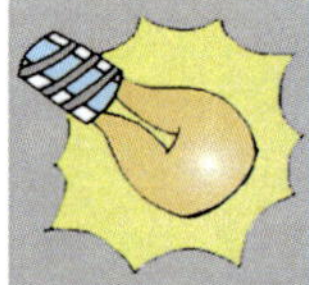

Arbeiten Sie wenn möglich fächerübergreifend. Die im Biologieunterricht untersuchten Tiere und Pflanzen können in einem naturwissenschaftlichen Skizzen- und Zeichenbuch katalogisiert werden.

Thematische Variation:

- Mutation unter der Lupe
- Unter dem Mikroskop

Kopiervorlage zu Thema 1

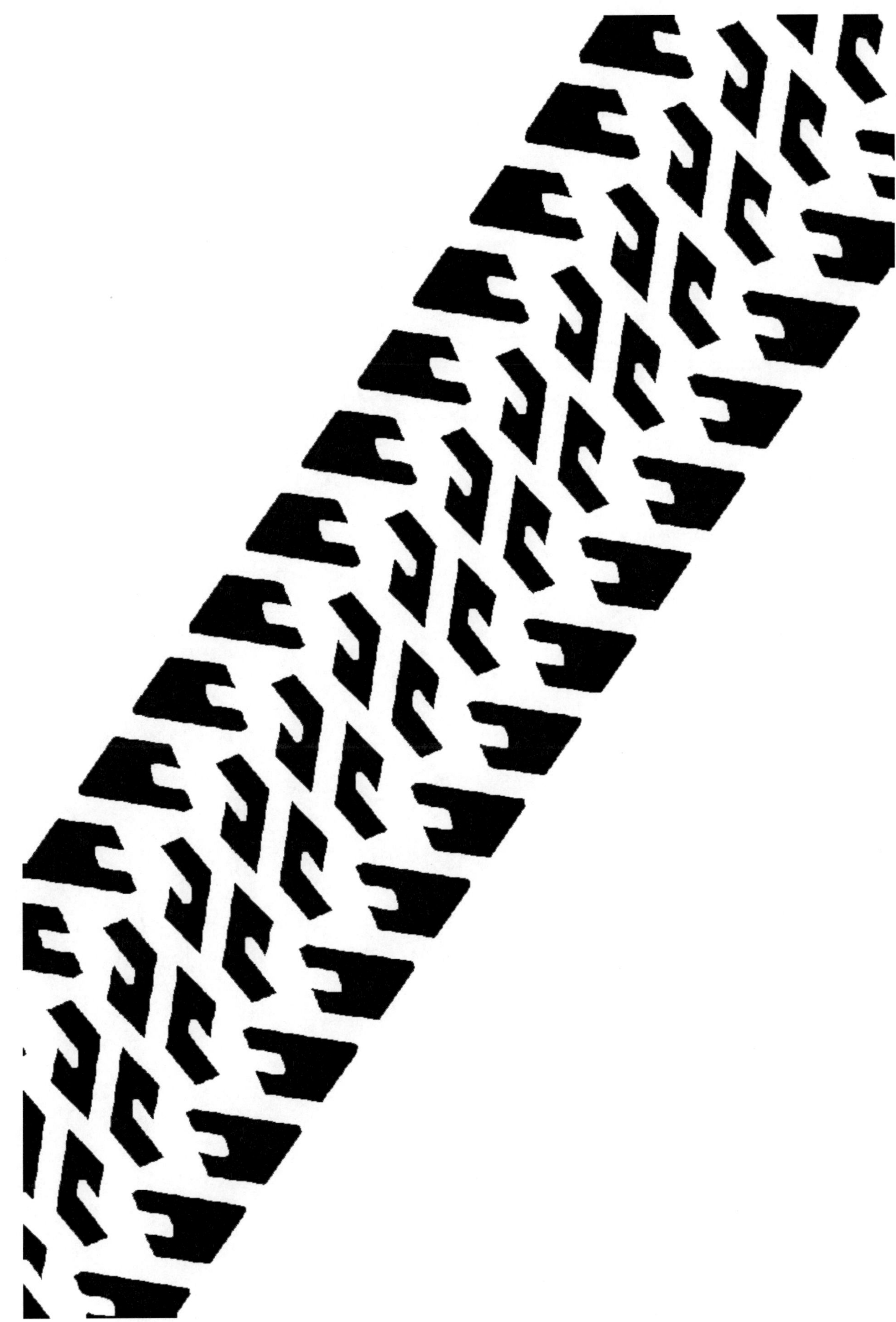

Kopiervorlage zu Thema 21

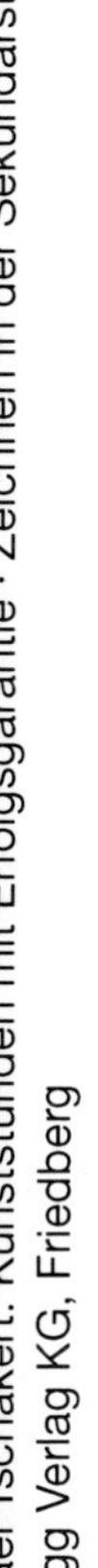

BRIGG VERLAG
F.-J. Büchler KG

Ihr Pädagogik-Partner!

Michael Tschakert

Malerei in der Sekundarstufe

56 S., DIN A4, farbig,
Best Practice
Best.-Nr. 195

Mit diesem Buch können Sie auch **mit geringen Vorkenntnissen** und in sehr kurzer Zeit Kunststunden vorbereiten. Der Band bietet 25 neue, praktisch erprobte Themen für ca. 100 Schulstunden, die mit den gängigen Arbeitsmitteln bearbeitet werden können. **Schülerbilder in Farbe**, Hilfen für unbegabtere Schüler, **Kopiervorlagen** und Tipps vom Profi.

Michael Tschakert

Linolschnitt ohne Presse in der Sekundarstufe

88 S., DIN A4, farbig,
Best Practice
Best.-Nr. 196

Dieser Band zeigt, wie die **vielfältig anwendbare Technik** des Linolschnitts im Kunstunterricht erfolgreich eingesetzt wird. Die gut ausgewählten Motive wie z. B. Tiere, Pflanzen, Sport, Comic oder Jugendkultur motivieren die Schüler/-innen zu eigenen Arbeiten. **Bestens geeignet für Lehrkräfte mit geringen Vorkenntnissen**, aber auch als **Ideenfundgrube** für erfahrene Kunstlehrer/-innen.

Michael Tschakert

Thema Mensch in der Sekundarstufe

104 S., DIN A4, farbig,
Best Practice
Best.-Nr. 197

Dieser Band der beliebten Kunst-Reihe liefert Ihnen 20 neue, zeitgemäße und Schüler/-innen ansprechende Unterrichtssequenzen zum Thema Mensch. Die **praktisch erprobten Themen** werden in klar strukturierten Stundenbildern, vielen Schülerarbeiten zur Veranschaulichung sowie zahlreichen Kopiervorlagen aufbereitet. **Sofort umsetzbare Unterrichtsstunden** auch für fachfremd unterrichtende Lehrkräfte!

Eva-Maria Bablick

Hörgeschichten als Bildanlass

15 inspirierende Hörgeschichten für einen erfolgreichen Kunstunterricht

72 S., DIN A4, farbig,
mit Kopiervorlagen und CD-ROM
Best.-Nr. 193

Mit diesen 15 poetischen, fantasievollen Texten schaffen es Lehrkräfte in kürzester Zeit, die Schüler aus der Welt des überwiegend kognitiven Lernens fast aller Unterrichtsfächer in die Welt des künstlerischen Gestaltens zu entführen. In wenigen Minuten wird eine ästhetische Atmosphäre erzeugt und die Lust am bildnerischen Arbeiten ist geweckt! Neben den Hörgeschichten liefert der Band zahlreiche Kopiervorlagen sowie gelungene Bildbeispiele.

Bestellcoupon

Ja, bitte senden Sie mir / uns mit Rechnung

_____Expl. Best.-Nr. ____________________

_____Expl. Best.-Nr. ____________________

_____Expl. Best.-Nr. ____________________

Meine Anschrift lautet:

Name / Vorname

Straße

PLZ / Ort

E-Mail

Datum/Unterschrift   Telefon (für Rückfragen)

Bitte kopieren und einsenden/faxen an:

Brigg Verlag
Franz-Josef Büchler KG
Beilingerstr. 21
86316 Friedberg

Bequem bestellen per Telefon / Fax:
Tel.: 0 89 / 61 38 71 27
Fax: 0 89 / 61 38 71 20
Online: www.brigg-verlag.de